Macht uns Achtsamkeit sozial?

Der Einfluss von Achtsamkeit auf Prosozialität und zwischenmenschliche Beziehungen

Bibliografische Information der Deutschen Nationalbibliothek:

Die Deutsche Nationalbibliothek verzeichnet diese Publikation in der Deutschen Nationalbibliografie; detaillierte bibliografische Daten sind im Internet über http://dnb.d-nb.de abrufbar.

Impressum:

Copyright © Science Factory 2019

Ein Imprint der Open Publishing GmbH, München

Druck und Bindung: Books on Demand GmbH, Norderstedt, Germany

Covergestaltung: Open Publishing GmbH

Inhaltsverzeichnis

Zusammenfassung

Achtsamkeit als Qualität des Bewusstseins bietet Menschen die Möglichkeit innere und äußere Sinneseindrücke, Gedanken und Gefühle vorurteilsfrei anzunehmen, zu akzeptieren und gehen zu lassen. Das Ziel der vorliegenden Arbeit war es, Zusammenhänge zwischen Achtsamkeit und den einzelnen Facetten der Achtsamkeit und sowohl kurzfristigem als auch langfristigem prosozialem Verhalten zu untersuchen. Die Stichprobe bestand aus 72 Probanden (M = 24,38 Jahre, SD = 7,43), wovon 12 männlich und 59 weiblich waren. Die Studie bestand aus zwei Teilen: einer schriftlichen Befragung, in welcher unter anderem die UV Achtsamkeit erhoben wurde, und der Erfassung der AV Prosozialität anhand einer Realsituation. Die Ergebnisse fielen insbesondere in Bezug auf generelle Achtsamkeit und Prosozialität entgegen den Erwartungen aus, wobei sich bei den Untersuchungen zu den einzelnen Facetten teilweise Tendenzen in Richtung der formulierten Hypothesen erkennen ließen. Eine Begründung für die paradoxen Resultate liegt vermutlich in der Art der Operationalisierung von Prosozialität. Zukünftige Forschung sollte daher ein besonderes Augenmerk auf die Optimierung der Erfassungsmöglichkeiten von prosozialem Verhalten legen, wie auch auf die detaillierte Untersuchung der einzelnen Facetten von Achtsamkeit und deren Auswirkungen auf das menschliche Verhalten.

Schlüsselwörter: Achtsamkeit, Facetten der Achtsamkeit, kurzfristige Prosozialität, langfristige Prosozialität.

Abstract

Mindfulness as a quality of consciousness offers the possibility to accept and let go inner and outer feelings, thoughts and sensations without any prejudice. The goal of this work was to research relationships between mindfulness and different facets of mindfulness and short-term prosociality as well as long-term prosociality. The sample was about 72 subjects (M = 24, 38 Years, SD = 7, 43) with 12 male and 59 female persons. The study consisted of two parts: on the one hand a survey in written form to determine mindfulness amongst others and on the other hand the registration of prosociality in a real setting. The results related to general mindfulness and prosociality came up against the expectations. But the analysis of the individual facets of mindfulness showed some trends towards the hypotheses. One reason for the paradox results could be probably find in the sort of operationalization of prosociality. Therefore further research should turn special attention to the improvement of acquisition options of prosocial behaviour, as well as a detailed study of the single facets of mindfulness and its impact on human behaviour.

Keywords: mindfulness, facets of mindfulness, short-term prosociality, long-term prosociality.

Abbildungsverzeichnis

Tabellenverzeichnis

1 Einleitung

„Unsere Verabredung mit dem Leben findet im gegenwärtigen Augenblick statt. Und der Treffpunkt ist genau da, wo wir uns gerade befinden."

Buddha (560 - 480 v. Chr.)

Mit seinem Verständnis von Achtsamkeit prägte der Religionsführer Buddha nicht nur eine religiöse Form der Meditation, sondern inspiriert Menschen bis heute zu einer wertschätzenden und achtsamen Lebensweise. Bereits aus diesem alten Zitat lässt sich durch Wörter wie Verabredung und Treffpunkt eine Art sozialer Kern oder Gemeinschaftswesen herauslesen.

Achtsamkeit wird gemeinhin oft als Synonym für Aufmerksamkeit im Sinne von Beobachtungsgabe verwandt. Oft hat sie auch einen moralischen Beigeschmack. So wird das Verhalten des Gegenübers, wenn es nicht den eigenen Bedürfnissen nach Zuwendung entspricht, häufig als Unachtsamkeit deklariert. Dabei kann es sein, dass der Betreffende in diesem Moment sehr wohl achtsam anwesend war, aber eben nicht bereit, genau diese Bedürfnisse des Anderen zu erfüllen. Es ist zu betonen, dass das eine mit dem anderen nicht in kausalem Zusammenhang steht. Vielmehr ist das zentrale Ziel von Achtsamkeit eben von einem Ziel als solchem abzusehen. Die Essenz dessen ist dann, den gegenwärtigen Moment so zu erleben, wie er gerade jetzt ist, ohne Kontrolle über ihn oder den Wunsch ihn zu verändern (Kabat-Zinn, 2014). Zudem steht Achtsamkeit in Verbindung mit einer moralisch-ethischen Grundhaltung, welche Mitgefühl und Großzügigkeit in sich trägt (Kabat-Zinn, 2003).

Interessant ist daher, wie sich Achtsamkeit auf unser soziales Verhalten auswirken kann. Achtsamkeit als mehrdimensionales Konstrukt weist verschiedene Eigenschaften auf (Baer, 2006), wie etwa urteilsfreies Beobachten, wertfreies Beschreiben, achtsam zu handeln und andere, die eventuell unterschiedlich auf unsere Prosozialität einwirken und somit als begünstigend oder sogar determinierend anzusehen sind. In der bisherigen Forschung gibt es kaum Untersuchungen zu diesen Zusammenhängen.

Die Psychologie hat es sich zum Ziel gesetzt, Erkenntnisse über das menschliche Verhalten in den verschiedensten Situationen und aus den unterschiedlichsten Gründen zu erlangen (Schneewind, 2015). Da es in der bisherigen Forschung kaum Arbeiten zum Einfluss einzelner Facetten der Achtsamkeit auf das menschliche

Sozialverhalten gibt, soll diese Arbeit einen Teil zum Erkenntnisgewinn in der Psychologie beitragen, indem sie genau dieses Thema untersucht.

2 Theoretische Hintergründe

Im Folgenden soll ein Überblick über die Grundkonzepte von Achtsamkeit und Pro-sozialität, welche für diese Arbeit von Relevanz sind, gegeben werden. Dadurch soll eine tiefere Einsicht in die hier behandelte Thematik, sowie eine theoretische Grundlage für die Ableitung der Hypothesen entstehen.

2.1 Achtsamkeit

Achtsamkeit als Konzept zur Selbstschulung ist schon aus alten buddhistischen Lehren bekannt. Die Erkenntnisse des legendären Buddha sind in detaillierten Übungswegen dokumentiert und in umfassen Methoden und Praktiken zur Erfor-schung und Schulung des Geistes mit dem Ziel, alles Leid der Welt zu überwinden, überliefert. Buddha sagte, dass alles Leid durch Unwissenheit entstehe und daher diese beendet werden müsse (Pischel, 2015). An diesem Punkt setzt das Konzept der Achtsamkeit an.

Ein zeitgenössischer Vertreter der buddhistischen Lehren, Thich Nhat Hanh, schreibt in einem seiner Bücher über Achtsamkeit, dass der gegenwärtige Augen-blick das Einzige sei über das wir verfügen könnten und deshalb die Kunst nicht darin bestehe, über Wasser laufen zu können, sondern auf der Erde (1992). Diese poetisch anmutende Beschreibung der Achtsamkeit wird von Jon Kabat-Zinn in ei-ner Art Arbeitsdefinition als „absichtsvolle und nicht urteilende Aufmerksamkeit im gegenwärtigen Moment" bezeichnet (Kabat-Zinn, 2014, S. 29). Jon Kabat-Zinn ist Begründer der *Mindfulness-Based Stress Reduction* (MBSR), ein Achtsamkeits-Trainingsprogramm, welches inzwischen in zahlreichen Therapien erfolgreich ein-gesetzt wird. Die Psychologinnen Shapiro und Carlson schreiben in ihrem Buch zur Integration der Achtsamkeit in die psychologische Praxis von Achtsamkeit als Be-wusstheit, Umsicht und Einsicht (2009). Sie teilen Achtsamkeit in zwei Bereiche: das achtsame Bewusstsein (*mindful awareness*), welches ein dauerhaftes und wan-delbares Wissen über den aktuellen Zustand des Geistes beinhaltet und zu einer Art innerem Frieden führen kann, sowie die achtsame Praxis (*mindful practice),* welche eine bewusste, offene, mitfühlende und beobachtende Anteilnahme am au-genblicklichen Geschehen voraussetzt (Shapiro & Carlson, 2009). Man könnte also sagen, sie unterscheiden Achtsamkeit in das achtsame Sein und das achtsame Han-deln. Beide interagieren miteinander und bedingen sich gegenseitig. Ähnlich diffe-renziert auch Jon Kabbat-Zinn die Achtsamkeit, wenn er in seinen Schriften vom *Modus des Tuns* und *Modus des Seins* spricht (Kabbat-Zinn, 2014). Was alle wohl gemein haben, ist die Auffassung, dass es sich bei Achtsamkeit um eine neue Form von Bewusstseinskultur handelt.

Persönlichkeitsentwicklung anhand von Achtsamkeit wird inzwischen vermehrt im klinisch psychologischen Kontext eingesetzt. So binden Hayes, Strohsal und Wilson grundbasale Elemente der buddhistischen Achtsamkeitstheorie in ihre *Akzeptanz-Commitment-Therapie* (ACT) ein (Hayes, Strohsal & Wilson, 1999). Diese beinhaltet beispielsweise kleine Übungen zur Aufmerksamkeitsfokussierung und Schulung der Achtsamkeit im Alltag. Ein weiteres Beispiel wäre die *Dialektisch-behaviorale Verhaltenstherapie* (DBT) von Linehan, in welche wesentliche Elemente fernöstlicher Meditationstechniken anhand kleiner Übungssequenzen inkludiert sind (Linehan, 1993). Die DBT arbeitet anhand einer dialektischen Grundhaltung an einer langfristigen Verhaltensänderung durch Akzeptanz des Selbst, des Gegenübers und des Lebens an sich (Robins & Chapman, 2004). Das wohl bekannteste Beispiel für Achtsamkeitstraining ist die bereits erwähnte *Mindfulness-Based Stress Reduction* (MBSR) von Jon Kabbat-Zinn, welche ausschließlich achtsamkeitsbasiert arbeitet und gezielt die Ausbildung der achtsamen Persönlichkeit in den Mittelpunkt der therapeutischen Intention stellt (Kabbat-Zinn, 1982, 1990).

Eine einheitliche Definition von Achtsamkeit ist bis heute nicht gefunden. Zwei entscheidender Ansätze jedoch unterscheiden die Achtsamkeit jeweils in ein eindimensionales oder ein mehrdimensionales Konstrukt (Brown & Ryan, 2003; Baer et al., 2006). Da sich die vorliegende Arbeit mit Achtsamkeit als mehrdimensionales Konstrukt und spezifisch mit den einzelnen Facetten der Achtsamkeit beschäftigt, soll im Folgenden noch auf verschiedene Eigenschaften der Achtsamkeit genauer eingegangen werden. Die Auswahl des verwendeten Instruments zur Messung von Achtsamkeit (siehe 3.2.1) legt es nahe, die dort verwendeten Facetten im Einzelnen zu betrachten.

2.1.1 Beobachten

Wie schon aus dem Begriff zu ersehen ist, beinhaltet diese Facette der Achtsamkeit das beobachtende Wahrnehmen. Im Speziellen sind alle Veränderungen auf körperlicher und mentaler Ebene gemeint, welche es zu beobachten gilt. Beispielsweise Körperbewegungen, Berührungen, Sinneseindrücke, Gefühle und Gedanken (Baer et al, 2006). Nach Shapiro und Carlson (2009) träfe dies wohl eher auf das achtsame Bewusstsein zu.

2.1.2 Beschreiben

Diese Facette der Achtsamkeit meint die Fähigkeit, beobachtete Eindrücke in Worte fassen zu können (Baer et al., 2006). Dies könnte eher der achtsamen Praxis zugeordnet werden, wenn man sich an Shapiro und Carlson (2009) orientiert.

2.1.3 Achtsames Handeln

Achtsam zu handeln heißt, fokussiert und ohne sich ablenken zu lassen bei einer Sache zu bleiben, während die zu tätigende Aufgabe die volle Aufmerksamkeit bekommt (Baer et al, 2006). Da es hier um das Tun geht, ist dies selbstverständlich der achtsamen Praxis zuzuordnen.

2.1.4 Nichtbewerten des inneren Erlebens

Gemeint ist hier, die eigenen Gefühle und Gedanken zuzulassen, ohne diese in irgendeiner Form zu bewerten, also weder positiv, noch negativ. Sie sollten einfach wahrgenommen werden (Baer et al, 2006). Die reine Wahrnehmung der Eindrücke würde nach Shapiro und ihrer Kollegin (2009) wieder zum achtsamen Bewusstsein gehören. allerdings ist das aktive Kommen- und Gehenlassen der Gefühle und Gedanken, ohne diese zu bewerten, auch eine gesteuerte Form von Handlung und wird somit prioritär der achtsamen Praxis zugeordnet.

2.1.5 Nichtreaktion auf das innere Erleben

Auf ein inneres Erleben nicht zu reagieren, soll nicht heißen, affektgemindert oder gar emotionsarm zu sein, sondern vielmehr auf einen Gefühlszustand oder Gedankengang nicht impulsiv mit einer Handlung zu reagieren, sondern sich diesen erst einmal genauer anzuschauen (Baer et al, 2006), wie auch unter den Abschnitten 2.1.1 bis 2.1.4. zu sehen. Auch das Nicht-Reagieren ist keine aktive Handlung und daher eher dem achtsamen Bewusstsein zuzuschreiben.

In der vorliegenden Arbeit wird vorausgesetzt, dass Achtsamkeit aus den beschriebenen Facetten besteht und durch unterschiedliche Ausprägung der Facetten verschieden zur Äußerung kommen kann.

2.2 Prosozialität

Das prosoziale Verhalten als solches lässt sich durch die vorhandene Literatur nicht einheitlich definieren. Verschiedene Autoren unterscheiden zwischen diversen Begriffen, wie Altruismus, Hilfeverhalten, sozialem Verhalten, Kooperation und weiteren, die hier nicht näher beschrieben werden sollen (Sussman & Cloninger, 2011;

Dovidio, Piliavin, Schroeder & Penner, 2006; Bierhoff, 1990). Die unterschiedlichen Begriffe beinhalten verschiedene Handlungsweisen. Bierhoff beispielsweise setzt eine freiwillige Handlung, mit der Intention einer konkreten Person eine Wohltat zu erweisen, voraus (Bierhoff, 1990). Demnach braucht es eine Absicht und eine konkrete Zielperson.

Bereits 1981 bemühte sich Wolfgang Bilsky, der bis heute intensiv auf dem Gebiet der Sozialpsychologie forscht, ein integratives Prosozialitätskonzept zu entwickeln. Er unterzog 182 Items aus fünf Fragebögen zu Variablen der Hilfeleistung einer Adaptation und Faktorenanalyse. Hierdurch erlangte er die Erkenntnis, dass die Faktoren *Interventionskompetenz in Gruppensettings, diagnostische Kompetenz, Toleranz, Mitleid* und *soziale Verantwortung* das Konzept der Prosozialität am besten beschreiben könnten. Allerdings waren die ersten beiden Faktoren fast ausschließlich auf einen einzigen Fragebogen zurückzuführen und daher haben sich lediglich die restlichen drei bis heute in der Forschung gehalten (Bilsky, 1981). Demzufolge gelten als Grundvoraussetzungen für prosoziales Verhalten die Fähigkeiten zu Toleranz, Mitleid und sozialer Verantwortung.

Helmut Lukesch hingegen entwickelte 2006 einen neuen Fragebogen, in welchem unter anderem auch Prosozialität erfasst wird. In seinem Manual dazu beschreibt er Prosozialität ganz allgemein als „Verhalten das zum Wohle anderer beiträgt". In seiner Beschreibung der Prosozialität wird deutlich, dass die reine Volition für eine solche Verhaltensform nicht ausreicht, sondern zudem sowohl motivationale Aspekte wie Werte, Normen und Überzeugungen, als auch situative hemmende oder begünstigende Faktoren für die Realisierung prosozialen Verhaltens eine entscheidende Rolle spielen (Lukesch, 2006).

Dovidio und Kollegen sprechen außerdem von einer Tat zum Wohlergehen eines Einzelnen oder einer Gesellschaft (Dovidio et al, 2006). In einem ihrer Artikel gehen die genannten Autoren auf Entstehung und Einflussgrößen von prosozialem Verhalten ein. Da all dies zu erläutern diesen Rahmen sprengen würde, sollen zumindest einige genannt sein: So spielen Motivation, soziale Einflüsse, soziale Identität, individuelle Fähigkeiten und Persönlichkeitsunterschiede wie auch Konsequenzen der Handlung eine entscheidende Rolle bei der Tatsache, ob und wie es letztendlich zu prosozialem Verhalten kommt (Penner, Dovidio, Piliavin & Schroeder, 2005). Auch Lukesch (2006) spricht davon, dass sowohl das Erfahren und Erleben von Prosozialität im direkten Umfeld, ergo der Familie, als auch der soziale Umgang im weiteren Freundes- und Bekanntenkreis und ein damit verbundenes

Wahrnehmen von Wechselseitigkeit des prosozialen Verhaltens einen Einfluss auf die Entwicklung eben dieser Verhaltensweise hat.

Eine neuere Erkenntnis aus der Psychologie bringt weitere Aspekte in die Diskussion über die Definition von prosozialem Verhalten ein. So konnten einige Forscher in von einander unabhängigen Studien zeigen, dass das dopaminerge System, also das Belohnungszentrum im Gehirn aktiviert wird, wenn Menschen helfen, spenden oder teilen (Moll, Krueger, Zahn, Pardini & Grafman, 2006; Fehr & Fischbach, 2003). Es könnte sich also auch um eine Art Selbstbelohnung handeln.

Offenbar ist es vonnöten, weitere Einflussgrößen und -faktoren für prosoziales Verhalten zu evaluieren, um eine einheitlichere Definition zu erlangen. Die vorliegende Arbeit soll ihren Teil dazu beitragen. Da jedem der beschreibenden Begriffe wie Hilfeverhalten, Hilfsbereitschaft, Prosozialität, Altruismus und weitere einerseits verschiedene, andererseits aber auch gleiche Handlungsweisen zugeordnet werden, soll in der vorliegenden Arbeit zur Vereinfachung von prosozialem Verhalten gesprochen werden.

2.3 Fragestellung & Hypothesen

Im folgenden Abschnitt soll die bisherige Forschung in Bezug auf den Zusammenhang von Achtsamkeit und prosozialem Verhalten zusammengefasst und kurz erläutert werden. Diese empirischen Erkenntnisse sollen als Grundlage für die daraus folgenden Hypothesen fungieren.

Es existieren einige Studien zum Zusammenhang von Achtsamkeit und prosozialem Verhalten, allerdings wurde in den meisten davon das prosoziale Verhalten durch Selbstberichte erfasst (Flook, Goldberg, Pinger & Davidson, 2015; Kirk, Gu, Sharp, Hula, Fonagy & Montague, 2016). Studien aus jüngster Zeit zeigen aber auch Zusammenhänge zwischen Achtsamkeit und Prosozialität bei Messung des prosozialen Verhaltens anhand realer Situationen. So konnten Tubbs, Berry und Brown (2016) in einer Arbeit über das prosoziale Verhalten innerhalb der eigenen und anderen ethnischen Gruppen zeigen, dass *dispositionelle Achtsamkeit*, also das bewusste Richten des Bewusstseins auf Denken und Fühlen, prosoziales Verhalten in beiden Gruppen vorhersagen kann (Tubbs et al, 2016). Die dispositionelle Achtsamkeit wurde in besagtem Versuch durch die *Mindfulness Attention Awareness Scale* (MAAS) erfasst und das prosoziale Verhalten in einem scheinbar realen Setting. Hierfür brachte man die Probanden in eine Situation, in welcher sie Hilfeverhalten zeigen konnten, indem sie einem angeblichen Mitprobanden auf Krücken

halfen scheinbar zufällig heruntergefallenes Papier wieder einzusammeln. Probanden mit einem höheren Score auf Achtsamkeit zeigten deutlich häufiger spontanes
Hilfeverhalten.

Als Grundlage für weiterführende Fragen in der vorliegenden Arbeit soll das eben
beschriebene Ergebnis in einem anderen Setting wiederholt, und die Ergebnisse
repliziert werden. Daher soll zuerst untersucht werden, ob Personen mit hoch ausgeprägter Achtsamkeit auch häufiger prosoziales Verhalten zeigen als Personen
mit niedrig ausgeprägter Achtsamkeit.

> **Hypothese 1**: Es besteht ein positiver Zusammenhang zwischen Achtsamkeit und
> prosozialem Verhalten. Demzufolge zeigen achtsame Menschen häufiger prosoziales
> Verhalten als wenig achtsame Menschen.

Es gibt Studien, die den Zusammenhang zwischen impulsiven Verhalten und Achtsamkeit untersuchen und berichten, wie Achtsamkeitsübungen Entscheidungsver-
halten beeinflussen können (Lattimore, Fisher, & Malinkowski, 2011; Melinda, Michelle, Newman, & Stephen, 2015). So reagieren hoch achtsame Menschen nach
neueren Erkenntnissen weniger impulsiv, wonach anzunehmen wäre, dass sie auch
nicht direkt zu Hilfe eilen, wenn dies gefragt wäre (Peters, Erisman, Upton, Baer, &
Roemer, 2011). In Achtsamkeit geschulte Menschen nehmen Situationen wahr, be-
vor sie eine Bewertung und letztendlich eine Entscheidung treffen. Dies dürfte aber
ihre Hilfsbereitschaft nicht schmälern. Vielmehr führt dies zu der Annahme, dass
hoch achtsame Menschen kurzfristig weniger hilfsbereit agieren, dafür aber langfristig in gesteigertem Maße. Diese Anschauung soll in einer weiteren Hypothese
überprüft werden.

> **Hypothese 2**: Achtsamkeit wirkt sich positiver auf langfristige denn auf kurzfristige
> Prosozialität aus. Demnach agieren hoch achtsame Menschen eher langfristig proso-
> zial als kurzfristig.

Zudem existieren Forschungsarbeiten, die zeigen, dass die Achtsamkeit nicht als
ein einheitliches Konstrukt aufzufassen ist, sondern sich aus unterschiedlichen
Komponenten zusammensetzt, welche auch verschieden stark ausgeprägt sein
können (Bear et al. 2006, Shapiro et al. 2009). So stellt sich zwangsläufig die Frage,
ob eventuell nicht die Achtsamkeit als gesamtes Konstrukt, sondern möglicherweise nur eine oder mehrere Facetten der Achtsamkeit Einfluss auf prosoziales
Verhalten haben. Ebenso gut könnte es sein, dass ein Teil der Facetten von Achtsamkeit dem prosozialen Verhalten dienlich, ein anderer Teil sogar hinderlich sein
könnte. Betrachtet man die Facetten im Einzelnen, auch unter Einbezug der zuvor

beschriebenen Einteilung in Anlehnung an Shapiro et al. (siehe die Abschnitte 2.1.1 bis 2.1.5), kommt man unwillkürlich zu dem Schluss, dass sich zwei Gruppen von Facetten bilden lassen, sogenannte aktive Facetten und nicht aktive Facetten. Zu den aktiven Facetten zählt man nach obiger Charakteristik das Beschreiben, das Achtsame Handeln und das Nichtbeurteilen. Wohingegen die Facetten Beobachten und Nicht-Reagieren als kaum aktiv betrachtet werden.

Das eingangs beschriebene Konstrukt der Prosozialität weist zwar keine einheitliche Definition auf, jedoch sind sich alle Autoren einig, dass es sich um eine aktive Form der Hilfestellung handelt. Demzufolge kann man davon ausgehen, dass die aktiven Facetten der Achtsamkeit prosoziales Verhalten eher begünstigen und die nicht aktiven Facetten der Achtsamkeit ein solches Verhalten sogar hemmen könnten. Um diese Annahmen zu überprüfen, wurden aus der genannten Fragestellung noch zwei weitere Hypothesen gebildet.

> **Hypothese 3:** Es besteht ein positiver Zusammenhang zwischen den Facetten *Beschreiben, Achtsames Handeln* und *Nichturteilen* und Prosozialität. Demnach agieren Menschen mit hohen Werten auf diesen Facetten prosozialer als Menschen mit niedrigen Werten.

> **Hypothese 4:** Es besteht ein negativer Zusammenhang zwischen den Facetten *Beobachten* und *Nicht-Reagieren* und Prosozialität. Demzufolge agieren Menschen mit hoch ausgeprägten Werten der Facetten Beobachten und Nicht-Reagieren weniger prosozial als Menschen mit niedrig ausgeprägten.

3 Methode

In der vorliegenden Studie wurden das Konstrukt Achtsamkeit anhand von Fragebögen und das prosoziale Verhalten anhand eines Versuchs mittels einer Cover-Story erfasst, um sie dann in Beziehung setzten zu können. Die genaue Vorgehensweise soll im Folgenden erläutert werden.

3.1 Stichprobe & Rekrutierung

An der Studie nahmen 71 Probanden im Alter zwischen 18 und 63 Jahren (M=24.38 Jahre, SD= 7.43 Jahre) freiwillig und anonym teil. Es befanden sich 59 Frauen und 12 Männer in der Stichprobe, wovon lediglich zwei Personen einen Bildungsabschluss ohne Abitur angaben und der Rest mindestens die Allgemeine Hochschulreife. Weitere demographische Daten können Tabelle 1 entnommen werden. Insgesamt mussten 9 Personen von den statistischen Analysen ausgeschlossen werden, da sie die entsprechende Petition, die als Anhangspunkt für prosoziales Verhalten genutzt wurde (siehe Abschnitt 3.2.2), bereits im Vorfeld unterschrieben hatten. Die Daten wurden im Rahmen einer Kooperationsarbeit von zwei Bachelorarbeiten und einer Masterarbeit an der Universität Ulm erfasst. Der Erhebungszeitraum war vom 16. bis zum 31. Januar 2017 anberaumt und fand in den Räumen der Universität sowie im Labor der Abteilung Klinische- und Gesundheitspsychologie statt. Entlohnt wurden die Teilnehmer entweder mit 7 Euro oder einer Versuchspersonenstunden.

Die Rekrutierung erfolgte sowohl über die uniinterne Plattform Sona, auf welcher alle laufenden Studien des Studiengangs Psychologie der Universität aufgeführt werden und Studenten die Möglichkeit haben, sich für Termine einzutragen, als auch über den Email-Verteiler der Studenten. Zudem wurden noch soziale Netzwerke, persönliche Ansprache, Flyer und Plakate genutzt, um Personen für die Studie zu gewinnen. Somit bestand ein Großteil der Probanden aus Studenten, was für eine gewisse Homogenität der Stichprobe sorgte.

Variablen	Prozent (%)	N
Familienstand		71
Single	43,7	
In einer festen Beziehung	47,9	
Verheiratet	7,0	
Formale Bildung		71
Hauptschulabschluss	1,4	
Fachhochschulreife	1,4	
Abitur	70,4	
Hochschulabschluss	22,5	
Anderer Abschluss	2,8	

Tabelle 1: Beschreibung der Stichprobe (Häufigkeiten)

Anmerkung. N = Stichprobengröße. Es werden nur gültige Werte berücksichtigt.

3.2 Erfassung der Variablen

Zur Erfassung der Variablen wurden zwei verschiedene Wege gewählt. Zum einen wurde Achtsamkeit anhand der Fragebögen FFMQ und MAAS festgehalten. Wohingegen die Prosozialität ohne das Wissen der Teilnehmer anhand einer Unterschriftensammlung für eine Petition operationalisiert wurde.

3.2.1 Erfassung von Achtsamkeit

Achtsamkeit als Konstrukt aus fünf Facetten wurde anhand der deutschen Version des Five Facet Mindfulness Questionnaire (FFMQ-D) erfasst. Die ursprünglich von Baer, Smith, Hopkins, Krietemeyer und Toney (2006) entwickelte Skala wurde von Michalak et al. 2016 ins Deutsche übersetzt und evaluiert. Es handelt sich hierbei um einen Fragebogen aus 39 Items, welche zu gleichen Teilen den fünf Facetten *beobachtende Achtsamkeit* (Observe), *beschreibende Achtsamkeit* (Describe), *Handeln mit Achtsamkeit* (Acting with Awareness), *Nichtbewerten des inneren Erlebens* (Nonjudging) *und Nicht-Reagieren auf Inneres Erleben* (Nonreactivity) zuzuordnen sind. Im Folgenden sollen die Facetten der Einfachheit halber Beobachten, Beschreiben, Achtsames Handeln, Nichturteil und Nicht-Reagieren genannt werden. Jedes Item wird anhand einer fünfstufigen Likert-Skala von 1 (*„trifft nie oder fast nie zu"*) bis 5 (*trifft sehr oft oder immer zu"*) beurteilt.

Da es in der vorliegenden Arbeit sowohl um den allgemeinen Zusammenhang von Achtsamkeit und prosozialem Verhalten als auch um den spezifischen Zusammenhang von einzelnen Komponenten der Achtsamkeit mit prosozialem Verhalten geht, eignet sich der FFMQ durch seine Strukturierung in fünf Facetten ausgezeichnet. Die einzelnen Facetten weisen eine gute bis sehr gute interne Konsistenz auf (Cronbach's *alpha* = .90 für Nichturteilen, α = .88 für Beschreiben, α = .74 für Beobachten, α = .80 für Achtsames Handeln und α = .78 für Nichtreagieren auf inneres Erleben), wie Michalak und Kollegen (2016) zeigen können. In der vorliegenden Studie zeigen sich ähnliche oder teils sogar etwas höhere Werte mit einer Reliabilität von α = .90 für das gesamte Konstrukt und Einzelreliabilitäten von α = .90 für Nichturteilen, α = .89 für Beschreiben, α = .79 für Beobachten, α = .80 für Achtsames Handeln und α =.79 für Nicht-Reagieren. Zum besseren Verständnis der Einteilung in Facetten und Items ist in Tabelle 2 zu jeder Facette jeweils ein Beispielitem abgebildet.

Zur Erfassung der generellen Tendenz zur Achtsamkeit wurde die Mindful Attention Awareness Scale (MAAS) von Brown und Ryan (2003; Cronbach's *alpha* = .83) genutzt. Die deutsche Version von Michalak, Heidenreich, Ströhle und Nachtigall (2008) zeigt mit einem Cronbach's *alpha* von .83 ebenfalls eine gute Reliabilität (Sedlmeier & Renkewitz, 2008). Der Fragebogen besteht aus 15 Items, welche auf einer Likert-Skala von 1 (*„fast immer"*) bis 6 (*„fast nie"*) beurteilt werden. Alle zu beurteilenden Aussagen sind negativ verfasst, was laut den Autoren den Grund hat, dass Menschen achtlose Zustände besser wahrnehmen können als achtsame (Brown & Ryan, 2008). Ein Beispielitem wäre: „Ich bemerke, dass ich gedankenverloren der Zukunft oder der Vergangenheit nachhänge", oder „Ich hetze durch Aktivitäten, ohne wirklich aufmerksam für sie zu sein." (Michalak et al., 2008).

Facette	Beispielitem
Beobachten	Ich nehme Gerüche und Düfte der Dinge wahr.
Beschreiben	Ich kann meine Gefühle gut in Worte fassen.
Achtsames Handeln	Ich hetze durch Aktivitäten, ohne wirklich aufmerksam für sie zu sein (R).
Nichturteilen	Ich urteile darüber, ob meine Gedanken gut oder schlecht sind (R).
Nicht-Reagieren	Ich nehme meine Gefühle und Empfindungen wahr, ohne auf sie reagieren zu müssen.

Tabelle 2: Einzelne Facetten des FFMQ und zugeordnete Beispielitems
Anmerkung. R = rekodiertes Item

3.2.2 Erfassung von Prosozialität

Die Operationalisierung von prosozialem Verhalten kann verschiedentlich durchgeführt werden. Oft werden hierfür Selbstberichte verwendet, wie beispielsweise bei Graziano und Kollegen (2007), dies kann jedoch methodische Probleme mit sich bringen, wie beispielsweise das Antworten unter dem Druck der sozialen Erwünschtheit (Paulhus, 2002). Das hat zur Folge, dass der Proband eine überwiegend positive Selbstbeschreibung abgibt oder dazu geneigt ist, dem zu entsprechen, was sozial erwünscht wäre. In diesem Fall würden sich die Teilnehmer als deutlich hilfsbereiter einschätzen, als sie es möglicherweise tatsächlich sind. Auswirkungen dieser Problematik werden im Abschnitt 5 ausführlich diskutiert. Um solche Antworttendenzen zu vermeiden wurde das prosoziale Verhalten in der vorliegenden Studie objektiv durch tatsächliche Verhaltensbeobachtung erfasst. Hierfür wurde den Probanden nach dem Beenden der Studie (siehe Abschnitt 3.4) von einer Petition zum Thema HIV berichtet, die eine Kommilitonin der Versuchsleiter in einem etwas entfernteren Teil der Universität zur Unterschrift ausgelegt habe. Mit der Bitte, den Weg dorthin noch auf sich zu nehmen und der angebotenen Möglichkeit, sich zusätzlich per Mail Informationsmaterial und weitere Listen zuschicken lassen zu können, wurden die Versuchsteilnehmer verabschiedet. Somit konnte mit leichter Zeitverzögerung, um zu vermeiden der entsprechenden Person unterwegs zu begegnen, direkt festgestellt werden, ob die Probanden den Umweg gegangen waren und unterschrieben hatten oder nicht. Das prosoziale Verhalten wurde auf diese Weise als dichotome Variable erfasst. Hierbei handelt es sich um eine nominalskalierte abhängige Variable mit zwei Ausprägungen, die benannt sind in: „Petition unterschrieben", „Petition nicht unterschrieben". Das Unterschreiben wurde als kurzfristige Prosozialität registriert. Da es sich um eine echte Petition handelte, welche unabhängig von der hier beschriebenen Studie lief, gab es auch einige Probanden, die bereits unterschrieben hatten. Diese bekamen die Benennung „bereits unterschrieben" und wurden von den entsprechenden Berechnungen ausgeschlossen. Als langfristig prosozial wurden jene Probanden registriert, welche sich zum Zwecke der Weiterverbreitung Informationsmaterial über die Petition zukommen ließen. Ursprünglich sollte die Rücksendung eben jener weitergeleiteten Materialien als Indikator für langfristige Prosozialität gewertet werden. Da es aber keinen Rücklauf gab, beschränkten sich die Versuchsleiter auf jene Personen, die bereit waren, Material zu empfangen, welches sie weiterleiten würden.

3.3 Ablauf

Wie eingangs erwähnt, war die Studie eine Kooperationsarbeit. Da die angeschlossene Masterarbeit die Erfassung der Herzwahrnehmung beinhaltete, konnten die für diese Arbeit benötigten Fragebögen zur Erfassung der Achtsamkeit in das große Fragebogenpaket der Masterarbeit inkludiert und so in eine Cover-Story eingebettet werden. Das Auslassen des expliziten Hinweises auf die Erfassung der Achtsamkeit war nötig, um zusätzlich mögliche Antworttendenzen oder -verzerrungen auszuschließen.

Pro Sitzung war ein Versuchsteilnehmer anwesend. Nach einer kurzen Aufklärung über den Ablauf der Studie wurde der Teilnehmer gebeten, eine Einverständniserklärung zu unterschreiben. Im Anschluss folgte die Bearbeitung von NEO-FFI, BPQ und STAI für die erwähnte Masterarbeit wie auch des MAAS und FFMQ für die vorliegende Arbeit mit Hilfe eines online programmierten Fragebogens. Es waren keinerlei Vorkenntnisse erforderlich, um die Fragebogen zu beantworten. Zur Gewährleistung der Anonymität generierte jeder Teilnehmer eingangs einen eigenen Code, der sicherstellte, dass keine Daten mit bestimmten Namen in Verbindung gebracht werden konnten. Nach der Beantwortung aller Items wurde der Herzwahrnehmungstest durchgeführt, welcher hier nicht weiter erläutert werden soll, da er für die vorliegende Studie nicht von Relevanz ist. Danach wurde die Sitzung offiziell beendet, indem die Teilnehmer ihre entsprechende Vergütung erhielten und dies schriftlich bestätigten.

Erst im Anschluss an die offizielle Erhebung konnte die Prosozialität erfasst werden, da dieser Part wie bereits erläutert ohne das Wissen der Probanden durchgeführt wurde, um sozial erwünschtes Verhalten zu vermeiden. Es wurde angenommen, dass das Wissen über eine Erhebung der Prosozialität die Teilnehmer verleiten könnte, sozial zu reagieren. Durch die Coverstory wurde dieser Konfundierung entgegengewirkt.

3.4 Statistische Auswertung

Die statistische Auswertung der Daten erfolgte mit Hilfe des Statistikprogrammes SPSS, Version 21 (Brosius, 2013). Zur Überprüfung möglicher Zusammenhänge wurde jeweils der Pearson-Korrelationskoeffizient zwischen den entsprechenden Variablen berechnet. Die nötigen Voraussetzungen, Normalverteilung, Linearität und Intervallskalierung, waren in Bezug auf die relevanten Variablen gegeben.

Um der Tatsache gerecht zu werden, dass es sich bei der AV Prosozialität um eine dichotome Variable handelte, wurde mit einer binären logistischen Regression gerechnet. Auch hier waren die benötigten Voraussetzungen, keine Ausreißer, Homoskedastizität, Normalverteilung, Unabhängigkeit der Fehler und Linearität der Logits, gegeben. Das Signifikanzniveau wurde auf $\alpha = 0.05$ festgelegt. Ab einem Wert von $p \leq 0.05$ wird daher statistische Signifikanz angenommen (Sendlmeier & Renkewitz, 2008). Mit der Berechnung der entsprechenden Effektstärke kann die praktische Bedeutung der Ergebnisse beurteilt werden (Cohen, 1988).

Effektstärkemaß	niedrig	mittel	Hoch
Cohen`s d	0.2	0.5	0.8
Korrelation (r)	0.1	0.3	0.5
Aufgeklärte Varianz h2, R2	0.01	0.06	0.14

Tabelle 3: Interpretation von Effektstärkemaßen nach Cohen (1988)

4 Ergebnisse

Gemäß den beschriebenen Hypothesen wurde eine positive Korrelation zwischen dem Konstrukt der Achtsamkeit in seiner Gesamtheit und der Prosozialität erwartet. Insbesondere wurde die Annahme getroffen, dass die Korrelation bei hoch achtsamen Menschen höher in Bezug auf langfristige als auf kurzfristige Prosozialität ausfallen würde. Des Weiteren wurde eine positive Beziehung zwischen den Facetten Beschreiben, Achtsames Handeln und Nichturteilen des FFMQ und dem prosozialen Handeln erwartet. Wohingegen die letzte Hypothese eine negative Korrelation zwischen den beiden Facetten Beobachten und Nicht-Reagieren des FFMQ und der Prosozialität postulierte.

4.1 Positiver Zusammenhang zwischen Achtsamkeit und Prosozialität

Deskriptiv zeigten sich 19 von 62 Personen kurzfristig prosozial, wogegen sich 45 von 62 Personen als langfristig prosozial erwiesen, was in Abbildung 1 veranschaulicht ist. Des Weiteren gab es 14 Personen, die sowohl kurzfristig als auch langfristig prosozial agierten, wogegen es auch 12 Personen gab, die gar kein prosoziales Verhalten zeigten (siehe Abbildung 2).

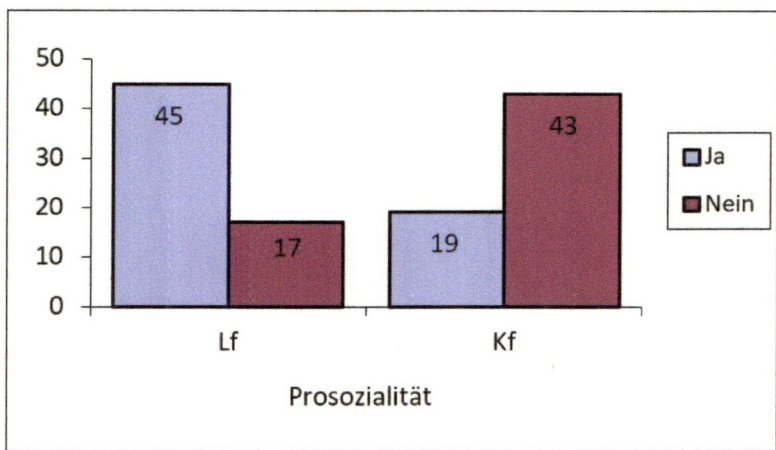

Abbildung 1: Häufigkeiten des prosozialen Verhaltens
(N = 62), Lf = langfristig, Kf = kurzfristig.

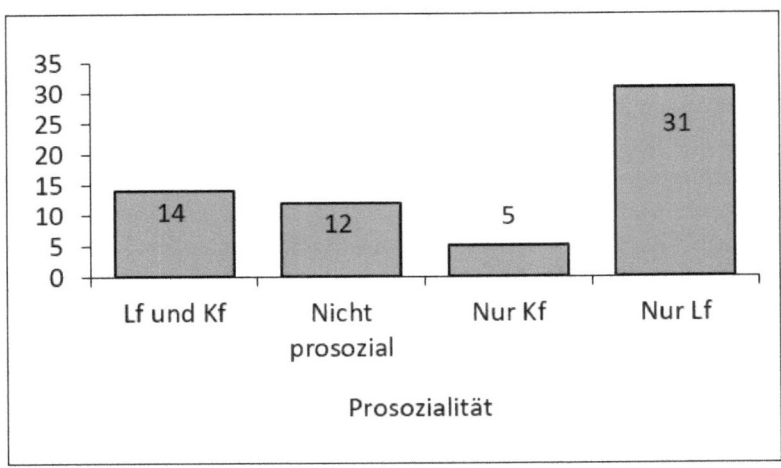

Abbildung 2: Differenzierung zwischen den einzelnen prosozialen Verhaltensweisen (N = 62).

Um zu zeigen, dass ein positiver Zusammenhang zwischen Achtsamkeit und prosozialem Verhalten in der Stichprobe besteht, wurde die Achtsamkeit vorerst dichotom über einen Mediansplit bei 3.55 in die Gruppen hoch achtsam (>3.55) und niedrig achtsam (<3.54) aufgeteilt. So konnten Korrelationen nach Pearson und Spearman sowohl zwischen Achtsamkeit und kurzfristiger Prosozialität als auch zwischen Achtsamkeit und langfristiger Prosozialität berechnet werden. Hierbei zeigte sich eine gegenläufige Tendenz. Der Zusammenhang zwischen kurzfristiger Prosozialität und Achtsamkeit fiel mit $r = -.105$ ($p \le 0.05$) tendenziell negativ aus, wogegen der Zusammenhang zwischen Achtsamkeit und langfristiger Prosozialität mit $r = .108$ ($p \le 0.05$) tendenziell positiv ausfiel

Zusätzlich wurde überprüft, wie die Achtsamkeitswerte bei den Personen, die gar kein prosoziales Verhalten zeigten, gegenüber denen, die sich sowohl kurzfristig als auch langfristig prosozial verhielten, ausgeprägt waren. Hier zeigten sich keine Unterschiede. So waren von den zwölf Personen ohne prosoziales Verhalten sieben hoch achtsam und fünf niedrig achtsam. Unter den vierzehn Probanden, welche in beiden Möglichkeiten prosozial agierten, erwiesen sich acht als hoch achtsam und sechs als niedrig achtsam.

4.2 Auswirkungen von Achtsamkeit auf kurzfristige und langfristige Prosozialität

Bereits deskriptiv zeigte sich nicht direkt bestätigt, dass sich Achtsamkeit positiver auf langfristige denn auf kurzfristige Prosozialität auswirkte. So war die Anzahl hoch achtsamer Personen, die langfristig prosozial agierten, etwa gleich hoch wie die Anzahl niedrig achtsamer Personen mit langfristig prosozialem Verhalten. Ebenso bei der Anzahl der hoch und niedrig achtsamen Personen in Bezug auf kurzfristige Prosozialität. In Abbildung 3 kann dies visuell nachvollzogen werden.

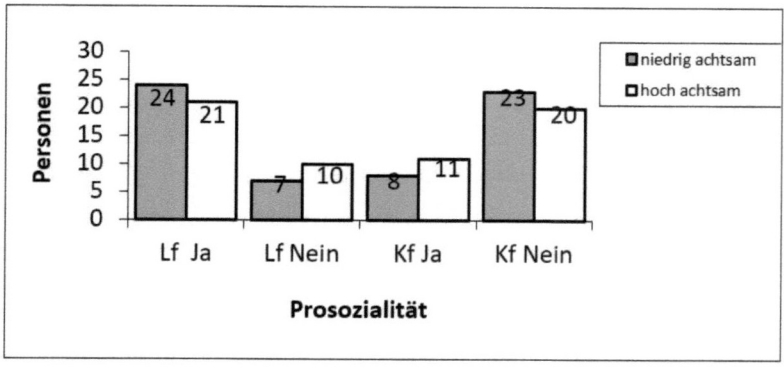

Abbildung 3: Häufigkeiten von prosozialem Verhalten bei hoch und niedrig ausgeprägter Achtsamkeit

Lf = langfristig, Kf = kurzfristig

Die anschließend mit metrischen Prädiktoren gerechnete logistische Regression ist in ihren Ergebnissen in den Tabellen 4 und 5 zusammengefasst. Hier zeigten sich ebenso leichte Tendenzen entgegen der postulierten Erwartung. Diese werden im Folgenden eingehender betrachtet.

4.2.1 Auswirkungen von Achtsamkeit auf kurzfristige Prosozialität

Insgesamt wurde die Regression nicht signifikant ($\chi^2(1) = 4.752$, p = .576, Nagelkerkes R^2 = .104), jedoch ließen sich gleichwohl Tendenzen erkennen. Die Konstante zeigt, dass bei einem theoretischen Achtsamkeitswert von 0 die Odds, sprich die Chance für langfristiges prosoziales Verhalten, um das 26.04-fache erhöht wäre. Wenn sich nun der Achtsamkeitswert um eine Einheit erhöht, so erhöhen sich diese Odds um den Faktor 16.87. Die Exponenten der Koeffizienten unterscheiden sich hier deutlich von eins. Mit steigender Achtsamkeit steigt also auch die Wahrscheinlichkeit, sich kurzfristig prosozial zu verhalten.

	B	Exp(B)	SE(B)	Wald	Df	p
Konstante	3.260	26.048	2.207	2.182	1	.140
Achtsamkeit	2.826	16.879	2.315	1.491	1	.222

Tabelle 4: Koeffizienten der logistischen Regression zur Vorhersage kurzfristigen prosozialen Verhaltens anhand von Achtsamkeit

Anmerkung. B = unstandardisierter Regressionskoeffizient, exp(B) = exponentialtransformierter Regressionskoeffizient, SE(B) = Standardfehler von B, Wald = Teststatistik, df = Freiheitsgrade, p = p-Wert.

4.2.2 Auswirkungen von Achtsamkeit auf langfristige Prosozialität

Insgesamt wurde die Regression auch hier nicht signifikant ($\chi^2(1)$ = 5.452, p = . 487, Nagelkerkes R^2 = .122), dennoch ließen sich Tendenzen ableiten. Die Konstante zeigt, dass bei einem theoretischen Achtsamkeitswert von 0 die Odds, also die Chance für langfristiges prosoziales Verhalten, .08-fach erhöht wären. Wenn sich nun der Achtsamkeitswert um eine Einheit erhöht, so verringern sich diese Odds um den Faktor .50.

	B	Exp(B)	SE(B)	Wald	Df	p
Konstante	- 2.448	.086	2.245	1.189	1	.275
Achtsamkeit	- .691	.501	2.374	.085	1	.771

Tabelle 5: Koeffizienten der logistischen Regression zur Vorhersage langfristigen prosozialen Verhaltens anhand von Achtsamkeit

Anmerkung. B = unstandardisierter Regressionskoeffizient, exp(B) = exponentialtransformierter Regressionskoeffizient, SE(B) = Standardfehler von B, Wald = Teststatistik, df = Freiheitsgrade, p = p-Wert.

Mit steigender Achtsamkeit sinkt also die Wahrscheinlichkeit, sich langfristig prosozial zu verhalten. Die beiden Exponenten der Koeffizienten waren jedoch nicht signifikant von eins unterschieden und nehmen daher kaum einen vorhersagenden Charakter ein. Hier gilt die Regel: Je stärker der Koeffizient(B) von 1 entfernt ist, desto stärker wird sein Einfluss gewertet (Urban & Meyerl, 2011).

4.3 Positiver Zusammenhang der Facetten Beschreiben, Achtsames Handeln und Nichturteilen und Prosozialität

Auch hier wurde die χ^2-Statistik nicht signifikant ($\chi^2(1)$ = 2.296, p = .513, Nagelkerkes R^2 = .051, für kurzfristige Prosozialität), ($\chi^2(1)$ = 3.501, p = .321, Nagelkerkes R^2 = .079, für langfristige Prosozialität). Zudem weichen die Ergebnisse zum Teil von der Hypothese ab, wobei Tendenzen zugunsten der Hypothese ebenso zu erkennen waren. Zum besseren Verständnis sind in Tabelle 6 die Regressionskoeffizienten sowohl bei kurzfristiger als auch langfristiger Prosozialität abgetragen.

	Kurzfristige Prosozialität	Langfristige Prosozialität
Konstante	2.290	- 3.638
Beschreiben	-.429	.284
Acht. Hand.	-.428	-.271
N-Urteilen	.41	.664

Tabelle 6: Regressionskoeffizienten B der Facetten Beschreiben, Achtsames Handeln und Nicht-Urteilen in Beziehung zu Prosozialität

In Tabelle 6 ist direkt ablesbar, dass der positive Zusammenhang, welcher in die Hypothese formuliert ist, nicht in jedem Fall zutrifft. So gibt es für die Facette Beschreiben den positiven Zusammenhang nur mit der langfristigen Prosozialität. Für die Facette Achtsames Handeln scheint es tendenziell eher einen negativen Zusammenhang mit prosozialem Verhalten zu geben. Einzig für die Facette Nichturteilen kann angenommen werden, dass sie in einem positiven Zusammenhang mit Prosozialität steht.

Betrachtet man nur den Zusammenhang der Facetten mit kurzfristiger Prosozialität, so bietet auch die weitere Auswertung wenig Unterstützung für die Hypothese. So zeigt die Konstante, dass bei einem theoretischen Achtsamkeitswert von 0 die Odds für kurzfristiges prosoziales Verhalten um das 9.87-fache erhöht wären. Wenn sich nun der Achtsamkeitswert um eine Einheit erhöht und der exp(B), wie es hier der Fall ist, den Wert 0.65 hat, so verringern sich die Odds um 35 Prozent.

Auch bei den Zusammenhängen der Facetten mit langfristiger Prosozialität ergeben sich ähnliche Ergebnisse. So zeigt die Konstante, dass bei einem theoretischen Achtsamkeitswert von 0 die Odds für langfristiges prosoziales Verhalten um das .26-fache erhöht wären. Da der exp (B) den Wert 1.33 hat, erhöhen sich die Odds um 33 Prozent, bei einer Erhöhung des Achtsamkeitswertes um eine Einheit. Verdeutlicht wird dies noch einmal durch die Tabellen 7 und 8.

	B	Exp(B)	SE(B)	Wald	Df	P
Konstante	-3.638	.026	1.999	3.311	1	.069
Beschreiben	.284	1.329	.443	.412	1	.521
Acht. Hand.	-.271	.762	.558	.236	1	.134
N-Urteilen	.664	1.942	.442	2.250	1	.318

Tabelle 7: Koeffizienten der logistischen Regression zur Vorhersage langfristigen prosozialen Verhaltens anhand der Facetten Beschreiben, Achtsames Handeln und Nichturteilen.

Anmerkung. B = unstandardisierter Regressionskoefizient, exp(B) = exponentialtransformierter Regressionskoeffizient, SE(B) = Standardfehler von B, Wald = Teststatistik, df = Freiheitsgrade, p = p-Wert, Acht. = Achtsames, N = Nicht.

	B	Exp(B)	SE(B)	Wald	Df	P
Konstante	2.290	9.871	1.825	1.574	1	.210
Beschreiben	-.429	.651	.424	1.025	1	.311
Acht. Hand.	-.428	.652	.561	.581	1	.446
N-Urteilen	.412	1.510	.413	.998	1	.318

Tabelle 8: Koeffizienten der logistischen Regression zur Vorhersage kurzfristigen prosozialen Verhaltens anhand der Facetten Beschreiben, Achtsames Handeln und Nichturteilen.

Anmerkung. B = unstandardisierter Regressionskoefizient, exp(B) = exponentialtransformierter Regressionskoeffizient, SE(B) = Standardfehler von B, Wald = Teststatistik, df = Freiheitsgrade, p = p-Wert, Acht. = Achtsames, N = Nicht.

So konnte in den Daten entgegen der Hypothese, kein Hinweis darauf gefunden werden, dass die Facetten Beschreiben und Achtsames Handeln sich positiv auf prosoziales Verhalten auswirken. Allerdings zeigen die Ergebnisse, dass zumindest ein Teil der Hypothese, und zwar jener der besagt, dass die Facette Nichturteilen ebenso einen positiven Einfluss auf Prosozialität hat, durch die Daten bestätigt wird.

4.4 Negativer Zusammenhang der Facetten Beobachten und Nicht-Reagieren und Prosozialität

Zwar wurde auch hier die Regression nicht signifikant ($\chi^2(1)$ = 1.658, p =.437 , Nagelkerkes R^2 =.37 für kurzfristige Prosozialität und $\chi^2(1)$ = .448 , p = .799 , Nagelkerkes R^2 = .010 für langfristige Prosozialität), jedoch ließen die Ergebnisse Tendenzen erkennen, welche die Hypothese, dass es zwischen den Facetten Beobachten und Nicht-Reagieren und dem prosozialen Verhalten einen negativen Zusammenhang gibt, stützen. Einen Überblick bietet Tabelle 9. Die Tendenz in den Daten

21

spricht für einen negativen Zusammenhang bei den Prädiktoren, ist jedoch in beiden Fällen keineswegs signifikant, sowohl für kurz- als auch langfristige Prosozialität nicht.

	B	Exp(B)	SE(B)	Wald	Df	p
Kurzfristig						
Konstante	2.971	19.520	1.851	2.577	1	.108
Beobachten	-.189	.827	.472	.161	1	.688
Nicht-Reag.	-.539	.584	.568	.898	1	.343
Langfristig						
Konstante	.113	1.120	1.747	.004	1	.948
Beobachten	-.260	.771	.463	.316	1	.574
Nicht-Reag.	-.061	.941	.572	.011	1	.915

Tabelle 9: Koeffizienten der logistischen Regression zur Vorhersage prosozialen Verhaltens anhand der Facetten Beobachten und Nicht-Reagieren

Anmerkung. B = unstandardisierter Regressionskoefizient, exp(B) = exponentialtransformierter Regressionskoeffizient, SE(B) = Standardfehler von B, Wald = Teststatistik, df = Freiheitsgrade, p = p-Wert.

5 Diskussion

Das Ziel dieser Arbeit war die Untersuchung des Einflusses von Achtsamkeit und ihrer Facetten auf prosoziales Verhalten. Achtsamkeit wurde hierfür durch die Fragebögen FFMQ und MAAS erhoben, wogegen das prosoziale Verhalten anhand einer realen Situation erfasst wurde. Während die Hypothesen, dass Achtsamkeit sich eher auf langfristige denn auf kurzfristige Prosozialität auswirke und die Facetten Beschreiben, Achtsames Handeln und Nichturteilen in einem positiven Zusammenhang mit Prosozialität stehen, nicht bestätigt werden konnten, hat sich dennoch der Einfluss der Facetten Beobachten und Nicht-Reagieren auf prosoziales Verhalten in der erwarteten Form gezeigt. Bei keiner der Berechnungen konnten Überzufälligkeiten festgestellt werden, jedoch zeigten sich interpretierbare Tendenzen.

Im folgenden Abschnitt sollen diese Ergebnisse hinsichtlich ihrer Aussagekraft erläutert werden. Zudem erfolgt die Darstellung und Diskussion von Schwächen und Stärken der vorliegenden Arbeit.

5.1 Zusammenhang zwischen Achtsamkeit und prosozialem Verhalten

Die Annahme, dass es einen positiven Zusammenhang zwischen Achtsamkeit und prosozialem Verhalten gibt, konnte zum einen nur teilweise und zum anderen statistisch nicht signifikant nachgewiesen werden. Vielmehr zeigte sich die Tendenz, dass eine erhöhte Achtsamkeit in einem negativen Zusammenhang mit kurzfristiger Prosozialität steht, aber in einem positiven mit langfristiger Prosozialität. Die Ergebnisse überraschen insofern, da sie den theoretischen Annahmen widersprechen. Daher ist es notwendig mögliche Erklärungen dafür zu erörtern. Hierbei sollte beachtet werden, dass insgesamt nur fünf Personen ausschließlich kurzfristiges prosoziales Verhalten zeigten, dafür aber 31 Personen ausschließlich langfristiges prosoziales Verhalten (siehe Abschnitt 4.1).

Wie in der theoretischen Einleitung erläutert wurde, existieren ausreichend Studien zum Zusammenhang von Achtsamkeit und prosozialem Verhalten (Flook, Goldberg, Pinger & Davidson, 2015; Jonas & Brandstätter, 2004; Kirk, Gu, Sharp, Hula, Fonagy, & Montague, 2016). Allerdings sollte die Vorgehensweise zur Erfassung von prosozialem Verhalten durch Selbstberichte grundlegend von der Art und Weise, wie es in dieser Untersuchung der Fall ist unterscheiden werden. Durch die Operationalisierung von Prosozialität anhand einer realen Situation wird beispielsweise zum einen die Möglichkeit, dass die Probanden ihre eigenen sozialen

Fähigkeiten überschätzen, was dem sogenannten *self-serving-bias* entspricht (Klein und Goethals, 2002) und zum anderen das Risiko, sozial erwünscht zu antworten, weitestgehend vermieden. Da der self-serving-bias und ebenso die soziale Erwünschtheit zu Ergebnisverzerrungen hinsichtlich einer positiveren Darstellung des eigenen prosozialen Verhaltens führen kann (Bortz & Döring, 1995), wäre es auch möglich, dass die Korrelationen zwischen Achtsamkeit und Prosozialität in den genannten Studien positiv verzerrt sein könnten.

Es ist demnach als Vorteil der vorliegenden Arbeit zu werten, dass diese Art der Verzerrung vermieden wurde. Dennoch birgt die Operationalisierung anhand einer Realsituation Risiken, die bei einem Selbstbericht nicht zu Tage treten. Beispielsweise kann es tagesform- oder stimmungsabhängig sein, ob ein Proband, wie in diesem Falle notwendig, motiviert ist, in ein anderes Gebäude zu gehen, um eine Petition zu unterschreiben. Das wäre unabhängig von seiner Hilfsbereitschaft zu werten. Oder die Person ist an dem Thema der Petition grundsätzlich nicht sonderlich interessiert, wobei sie sich bei einem anderen Thema durchaus hätte motivieren lassen. Studien zeigen, dass prosoziales Handeln auch eng an Empathie für den Anderen geknüpft ist (Labuhn, Wagner, Van Dick & Christ, 2004), wodurch relevant wird, ob der Proband zu dem Thema der Petition überhaupt einen persönlichen Bezug hat. Auch dann können keine Rückschlüsse über sein allgemeines prosoziales Verhalten gezogen werden.

Der eingangs beschriebene Versuch von Tubbs et al. (2016) zeigte eine Operationalisierung von Hilfsbereitschaft in einer unmittelbaren Situation. Demnach waren die Probanden genötigt, direkt einem Mitprobanden zu Hilfe zu eilen und somit spontanes Hilfeverhalten zu zeigen. Im Fall der vorliegenden Studie gab es ein gewisses Zeitfenster zwischen dem Hinweis auf die Petition und der tatsächlichen Unterschriftssetzung, da sie sich in einem anderen Gebäude und zusätzlich im obersten Stockwerk befand. Das kleine Zeitfenster dazwischen könnte möglicherweise eine Art Puffer gewesen sein, der genügend Zeit einräumte um motivationale oder volitionale Hindernisse zum Vorschein zu bringen, welche die Versuchsperson letztendlich hinderten den Weg bis zur Petition auf sich zu nehmen, oder ermöglichten den spontanen Impuls für die Unterschrift zu unterdrücken. Ebenso gut könnte es andersherum möglich sein, dass Personen die Petition nur unterschrieben haben, weil sie eine persönliche Beziehung zu dem Thema haben, ansonsten aber nicht unbedingt prosozial handeln.

5.2 Zusammenhang zwischen Achtsamkeit und langfristiger versus kurzfristiger Prosozialität

Die Ergebnisse der vorliegenden Untersuchung konnten den erwarteten positiven Zusammenhang von Achtsamkeit mit langfristiger Prosozialität und den negativen Zusammenhang zwischen Achtsamkeit und kurzfristiger Prosozialität nicht bestätigen. Im Gegenteil, es zeigte sich, dass die Probanden tendenziell genau andersherum reagierten. So verhielten sich hoch achtsame Personen eher kurzfristig prosozial, wobei die logistische Regression zwischen hoch achtsamen Personen und langfristiger Prosozialität einen negativen Trend abbildete.

Wie bereits durch die Studie von Tubbs et al. (2016), angedeutet besteht offenbar eine Ähnlichkeit in den Eigenschaften von Achtsamkeit und Spontanität. Einige Forscher konnten dies präzisieren und eine Gemeinsamkeit zwischen Achtsamkeit und Impulsivität herausarbeiten (Murphy & McKillop, 2012; Peters et al., 2011). Was diese beiden Konstrukte laut der Autoren verbindet, ist eine aktive Reaktion auf Sinnesreize aus der Umwelt. Was sie jedoch unterscheidet, ist die Spontanität der Reaktion. So tritt Impulsivität unmittelbar und ohne Reflexion zu Vorschein, wohingegen die achtsame Reaktion durch vorheriges Wahrnehmen, Nichtbewerten und reflektiertes Handeln ausgeführt wird. Basierend auf dieser Annahme könnte davon ausgegangen werden, dass achtsame Menschen, wie in Hypothese 2 postuliert, kurzfristig weniger prosozial agieren, weil sie den ersten Impuls beherrschen und langfristig dann vermehrt prosoziales Verhalten zeigen, da es aus einer bewussten Reflexion heraus entsteht. Dass diese Erwartung durch die Ergebnisse dieser Studie nicht bestätigt werden konnte, könnte an der Art der Messung der kurzfristigen Prosozialität liegen. Durch den zurückzulegenden Weg zwischen Versuchsraum und Standort der Petition könnte genügend Zeit entstanden sein, diesen ersten Impuls für eine Unterschrift zu kontrollieren. Dies betrifft nicht die hoch achtsamen Menschen, sondern die Menschen, welche besonders impulsiv zu reagieren pflegen. In diesem Fall konnten diese ihren ersten Impuls kontrollieren und sind in Bezug auf die hier gemessene kurzfristige Prosozialität nicht mehr von den hoch achtsamen zu unterscheiden. Um dies sicher beurteilen zu können, sollte die Impulsivität als Variable in kommenden Untersuchungen zu Achtsamkeit und prosozialem Verhalten mit in die Erfassung aufgenommen werden.

5.3 Zusammenhang zwischen einzelnen Facetten der Achtsamkeit und prosozialem Verhalten

Ein weiterer wichtiger Aspekt, den es zu diskutieren gilt, ist die Vielschichtigkeit von Achtsamkeit. Betrachtet man die einzelnen Facetten der Achtsamkeit nach Baer et al. (2006; 2008) genauer, so darf davon ausgegangen werden, dass einzelne Facetten jeweils einen gesonderten Einfluss auf das prosoziale Verhalten einer Person haben könnten. Diese Annahme soll im folgenden Abschnitt diskutiert werden.

5.3.1 Zusammenhang zwischen den Facetten Beschreiben, Achtsames Handeln und Nichturteilen und prosozialem Verhalten

Die Analyse der Daten zu den genannten Zusammenhängen ließen erkennen, dass allein die Facette Nichturteilen sowohl mit kurzfristiger als auch mit langfristiger Prosozialität in einem positiven Zusammenhang steht. Bei der Facette Beschreiben konnte man sehen, dass zwar ein positiver Zusammenhang mit langfristiger Prosozialität erkennbar war, bezüglich der kurzfristigen jedoch ein negativer. Noch deutlicher wurde die Diskrepanz nur bei der Facette Achtsames Handeln. Hier offenbarte sich durch die logistische Regression ein negativer Zusammenhang mit beiden Formen des prosozialen Verhaltens. Obwohl keines der Ergebnisse statistische Signifikanz erlangte und somit in keinem Fall überzufällig ist, entsprechen die Resultate der Analyse kaum der vorher geäußerten Erwartung.

Dass die Facette Nichturteilen Tendenzen eines positiven Zusammenhangs mit prosozialem Handeln zeigt, entspricht Hypothese 3 und bestätigt die Annahme, dass die Facette durch ihre Zuordnung zu den aktiven Anteilen der Achtsamkeit die aktive Handlung durch Prosozialität begünstigt. Bezüglich der Facette Beschreiben ist festzuhalten, dass sie in erster Linie das Beschreiben der eigenen Gefühle, Überzeugungen und auch körperlicher Empfindungen mit Worten, also auf einer intellektuellen, sprachlichen Ebene, meint (Baer et al., 2006). So kann man davon ausgehen, dass eine kurzfristige prosoziale Handlung nicht stattfindet, weil sich das Wahrnehmen und Beschreiben der Empfindung noch ganz auf dieser intellektuellen Ebene abspielt und erst in einem zweiten Schritt in eine Handlung und somit in ein langfristig prosoziales Verhalten übergeht. Dies würde dem kognitiven Persönlichkeitsmodell von Bandura entsprechen, welches die Handlungmöglichkeiten des Menschen in Bezug zu kognitiven Denkprozessen setzt (Pervin, Cervone, & John, 2005). Diese Annahme könnte eine Grundlage für weitere Forschung bieten. Demnach wäre es sinnvoll, die Facette Beschreiben in Beziehung zu achtsamen Bewusstsein und achtsamer Praxis zu setzten und die Ergebnisse zu vergleichen.

Die Facette Achtsames Handeln meint konzentriert und intentional einer bestimmten Tätigkeit nachzugehen, ohne sich von dieser ablenken zu lassen (Baer et al., 2006). Man sollte also meinen, dass insbesondere diese Facette ein prosoziales Handeln voraussagen kann, umso mehr zeigen die Ergebnisse, wie komplex das Konstrukt der Achtsamkeit in seinen Einzelheiten ist. In einer Studie von Ruth Baer aus dem Jahr 2009 zeigt sich die Sonderrolle der Facette Achtsames Handeln in einem weiteren Kontext. Dort wurden Korrelationen zwischen den einzelnen Facetten und der Meditationserfahrung der Probanden ausgewertet, und es stellte sich heraus, dass steigende Erfahrung mit Meditation einen Einfluss auf die Ausprägung der Facetten hatte. Nur die Facette Achtsames Handeln blieb davon unberührt. Dies unterstreicht die Notwendigkeit zukünftiger Forschung, die einzelnen Facetten der Achtsamkeit gesondert zu untersuchen, um ihre individuelle Wirkung auf das Verhalten der Menschen zu eruieren.

5.3.2 Zusammenhang zwischen den Facetten Beobachten und Nicht-Reagieren und Prosozialität

Auch wenn die Ergebnisse der Regression hier keine statistische Signifikanz aufweisen konnten, so bestätigten sie doch eine Tendenz in Richtung der postulierten Hypothese. Sowohl die Facette Beobachten, als auch die Facette Nicht-Reagieren standen in negativem Zusammenhang zu kurzfristiger und langfristiger Prosozialität. Man darf also davon ausgehen, dass die beiden Facetten, die eingangs mit dem achtsamen Bewusstsein nach Shapiro et al. (2009) in Verbindung gesetzt wurden, tatsächlich eher hemmend auf prosoziales Verhalten einwirken. Gründe dafür sind in der Charakteristik der Facetten zu finden. Diese umfassen keine Aktivität, sondern reine Bewusstseinarbeit, die aber nicht in eine Handlung übergeht.

5.4 Limitationen der Studie und Ausblick

Ein besonderer Vorteil der vorliegenden Studie ist das Erfassen der Prosozialität anhand einer realen, scheinbar unbeobachteten Situation. Dies ist eine Neuerung zu älteren Studien und kann die in den Abschnitten 3.4 und 5.1 beschriebenen Artefakte und Verzerrungen weitestgehend vermeiden. Ein Nachteil dieser Vorgehensweise ist das außer Acht lassen situativer Variablen wie Stimmung, Motivation und Laune der Probanden. Außerdem konnte durch das Einbetten in eine Cover-Story nicht erfasst werden, ob sich Probanden generell für das Thema der Petition interessiert haben oder bei einem anderen Thema anders agiert hätten. Es wäre also für künftige Studien ein Vorteil, diese und ähnliche Variablen zusätzlich zu erfassen. Dies könnte ggf. auch im Anschluss an die Erfassung des prosozialen Verhaltens geschehen, um den Versuchsablauf nicht zu stören und neue Verzerrungen zu vermeiden. Da es bisher noch keine einheitliche Definition von prosozialem Verhalten gibt (siehe Abschnitt 2.2), kann auch nicht detailliert gesagt werden, was eigentlich genau erfasst wird, wenn dieses Konstrukt untersucht wird. Daher wäre ebenso wichtig, im Vorfeld der Studie eine genaue Definition der Prosozialität zu formulieren, welche man erfassen möchte. Wie zu Beginn der Arbeit bereits erwähnt, postulierte Bilsky bereits 1981, dass Toleranz, Mitleid und soziale Verantwortung als Grundvoraussetzungen für prosoziales Verhalten anzusehen sind. Daher wäre es auch interessant, in Zukunft die Zusammenhänge zwischen den einzelnen Facetten der Achtsamkeit und diesen Eigenschaften zu analysieren.

Eine bisher noch nicht angesprochene Limitation der Arbeit könnte in einem der Gütekriterien des FFMQ liegen, genauer in der Interpretationsobjektivität. Diese ist fraglich, da es weder ein Manual zur genauen Interpretation der Ergebniswerte, noch die Vorgabe von Cut-Off Werten für Achtsamkeit gibt (Michalak et al., 2016). Somit liegt es im Ermessen des Betrachters ab wann er einen Versuchsteilnehmer als hoch achtsam, oder niedrig achtsam einstuft. In dieser Studie wurde für Hypothese 1 ein Mediansplit zum Einteilen in niedrig und hoch achtsam vorgenommen. Bedenkt man jedoch die Einschränkungen durch die fehlende Interpretationsobjektivität, könnte diese Einschätzung in hoch und niedrig achtsam mangelhaft sein. Es bräuchte also für kommende Befragungen mit diesem Instrument eine große entsprechende Stichprobe mit mindestens 500 Probanden, um eine Interpretation der Ergebnisse vergleichbar zu machen.

Hinzu kommt, dass die einzelnen Facetten der Achtsamkeit durch Baer et al (2006) zwar faktorenanalytisch aus fünf verschiedenen Fragebögen zur Achtsamkeit, dem MAAS, dem FMI (*Freiburg Mindfulness Inventory)*, dem KIMS (Kentucky Inventory of Mindfulness Skills), dem CAMS (*Cognitive and Affective Mindfulness Scale*) und dem MQ (*Mindfulness Questionnaire)*, berechnet wurden, jedoch in ihren Eigenheiten und Gemeinsamkeiten nur unzureichend beschrieben sind. Zudem besteht bisher kaum Forschung zu den Auswirkungen der individuellen Facetten auf menschliches Verhalten in den unterschiedlichsten Situationen. Es wäre also dringend notwendig, zukünftig in diese Richtung zu forschen. Beispielsweise könnte man die Zusammenhänge der einzelnen Facetten von Achtsamkeit mit Empathie, Moral, Großzügigkeit, Disziplin und emotionaler Intelligenz untersuchen, um nur einige Eigenschaften zu nennen, die gleichsam für prosoziales Verhalten vonnöten sind (Bierhoff, 1990).

Abschließend lässt sich sagen, dass die Zusammenhänge zwischen den verschiedenen Facetten von Achtsamkeit und prosozialem Verhalten weiterhin viele interessante Forschungsfragen bergen. Dies gilt nicht nur für den Bereich der klinischen Psychologie und Psychotherapie, wobei genau hier ein wichtiger praktischer Einsatz der Konstrukte erfolgen sollte, sondern auch für gesellschaftliche Entwicklungsfragen im Allgemeinen. Jede weitere Erkenntnis auf diesem Gebiet kann einen Teil dazu beitragen, sowohl das Leben des Einzelnen, als auch die Gesellschaft als Ganzes, durch Achtsamkeit und die damit einhergehender Prosozialität in ein respektvolles und liebevolles Miteinander einzubetten.

6 Literatur

Baer, R. (2009). Self-focused attention and mechanisms of change in mindfulness-based treatment. Cognitive Behaviour Therapy, 38, 15-20.

Baer, R.A., Smith, G.T., Hopkins, J., Krietemeyer, J. & Toney, L. (2006). Using Self-report assessment methods to explore facets of mindfulness. *Assessment, 13(1)*, 27-45.

Baer, R.A., Smith, G.T., Lykins, E., Button, D., Krietemeyer, J., Sauer, S., Walsh, E., Guggan, D., & Williams, J.M.G. (2008). Construct Validity of the Five Facet Mindfulness Questionnaire in Meditating and Nonmeditating Samples. *Assessment, 15(3)*, 329-342.

Bierhoff, H.W. (1990). *Psychologie hilfreichen Verhaltens.* Stuttgart: Kohlhammer.

Bilsky, W. (1981). Prosozialität - Explorative Untersuchung zur dimensionsanalytischen Deskription des Forschungsbereichs Hilfsbereitschaft/ Hilfeleistung. *Psychologie und Praxis, 25(1)*, 10-18.

Bortz, J. & Döring, N. (Hrsg.) (1995). *Forschungsmethoden und Evaluation* (2.Aufl.). Berlin: Springer.

Brosius, F. (2013). *SPSS 21.* Heidelberg: MITP.

Brown, K. W., & Ryan, R. M. (2003). The benefits of being present: Mindfulness and its role in psychological well-being. *Journal of personality and social psychology, 84(4)*, 822-848.

Cohen, J. (1988). *Statistical Power Analysis for the Behavioral Science.* NY: Lawrence Erlbaum Associates Publishers.

Dovidio, J.F., Piliavin, J.A., Schroeder, D.A., & Penner, L.A. (2006). *The social psychology of prosocial behavior.* NY: Lawrence Erlbaum Associates Publishers.

Fehr, E. & Fischbacher, U. (2003). The nature of human altruism. *Nature, 425*, 785-791.

Flook, L., Goldberg, S.B., Pinger, L., & Davidson, R.J. (2015). Promoting prosocial behavior and self-regulatory skills in preschool children through a mindful-based kindness curriculum. *Development psychology, 51(1)*, 44-51.

Graziano, W.G., Habashi, M.M., Sheese, B.E., & Tobin, R.M. (2007). Agreeableness, empathy, and helping: A person x situation perspective. *Journal of personality and social psychology, 93(4)*, 583-599.

Hayes, S. C., Strosahl, K.,&Wilson, K. G. (1999). *Acceptance and commitment therapy: An experiential approach to behavior change.* New York: Guilford.

Jonas, K.J., & Brandstätter, V. (2004). Zivilcourage- Definition, Befunde und Handlungsempfehlungen. *Zeitschrift für Sozialpsychologie,35(4)*, 185-200.

Kabat-Zinn, J. (1982). An outpatient program in behavioral medicine for chronic pain patients based on the practice of mindfulness meditation: Theoretical considerations and preliminary results. *General Hospital Psychiatry, 4(1)*, 33-47.

Kabat-Zinn, J. (1990). *Full catastrophe living: Using the wisdom of your mind and body to face stress, pain, and illness.* New York: Delacorte.

Kabat-Zinn, J. (2003). Mindfulness-Based Interventions in Context: Past, Present and Future. *Clinical Psychology: Science and Practice, 10(2)*, 144-156.

Kabat-Zinn, J. (2014). *Achtsamkeit für Anfänger.* Freiburg: Arbor.

Kirk, U., Gu, X., Sharp, C., Hula, A., Fonagy, P., & Montague, P.R. (2016). Mindfulness training increases cooperative decision making in economic exchange: Evidence from fMRI. *NeuroImage, 138*, 274-283.

Klein, W.M.P., & Goethals, G.R. (2002). Social reality and self-construction: a case of „bounded irrationality"? *Basic and Applied Social Psychology, 24(2)*, 105-114.

Labuhn, A.S., Wagner, U., Van Dick, R., & Christ, O. (2004). Determinanten zivilcouragierten Verhaltens: Ergebnisse einer Fragebogenstudie. *Zeitschrift für Sozialpsychologie, 35*, 93- 103.

Lattimore, P., Fisher, N., & Malinowski, P. (2011). A cross-sectional investigation of trait disinhibition and its association with mindfulness and impulsivity. *Appetite, 56(2)*, 241- 248.

Linehan, M. M. (1993). *Skills training manual for treating borderline personality disorder.* New York: Guilford.

Lukesch, H. (2006). *Manual - FEPAA-Fragebogen zur Erfassung von Empathie, Prosozialität, Aggressionsbereitschaft und aggressivem Verhalten.* Göttingen: Hogrefe.

Melinda, L.A., Michelle, G. Newman & Stephen, J.W. (2015).Delay Discounting and the use of mindful attention versus distraction in the treatment of drug addiction: a conceptual review. *Journal of the experimental analysis of behaviour, 103(1),* 234-248.

Michalak, J., Heidenreich, T., Ströhle, G., & Nachtigall, C. (2008). Die deutsche Version der Mindful Attention and Awareness Scale (MAAS); Psychometrische Befunde zu einem Achtsamkeitsfragebogen. *Zeitschrift für klinische Psychologie und Psychotherapie, 37(3),* 200-208.

Michalak, J., Zarbock, G., Drews, M., Otto, D., Mertens, D., Ströhle, G., Schwinger, M., Dahme, B., & Heidenreich, T. (2016). Erfassung von Achtsamkeit mit der deutschen Version des Five Facet Mindfulness Questionnaires (FFMQ-D). *Zeitschrift für Gesundheitspsychologie, 24(1),* 1-12.

Moll, J., Krueger, F., Zahn, R., Pardini, M., de Oliveira-Souza, R. & Grafman, J. (2003). Human fronto-mesolimbic networks guide decisions about charitable donation. *PNAS, 103(42),* 15623-15628.

Murphy, C., & MacKillop, J. (2012). Living in the here and now: interrelationships between impulsivity, mindfulness and alcohol misuse. *Psychopharmacology, 219(2),* 527-536.

Paulhus, D.L. (2002). Socially desirable responding: The evolution of a construct. In H.I. Braun, D. N. Jackson, & D. E. Wiley (Hrsg.), *The role of constructs in psychological and educational measurement.* NJ: Erlbaum Associates.

Penner, L.A., Dovidio, J.F., Piliavin, J.A., & Schroeder, D.A. (2005). Prosocial Behavior: Multilevel Perspectives. *Annual Reviews Psychology, 56(1),* 365-392.

Pervin, L.A., Cervone, D. & John, O.P. (2005). *Persönlichkeitstheorie.* Stuttgart: Reinhardt-UTB.

Peters, J.R., Erisman, S.M., Upton, B.T., Baer, R.A. & Roemer, L. (2011). A Preliminary Investigation of the Relationships between Dispositional Mindfulness and Impulsivity. *Mindfulness, 2(4),* 228-235.

Pischel, R. (2015). *Leben und Lehre des Buddha.*(2. Auflage von 1920). Dresden: Fachbuchverlag Dresden.

Robins, C.J., & Chapman, A.L. (2004). Dialectical behavior therapy: Current status, recent developments, and future directions. *Journal of Personality Disorders, 18(1)*, 73-89.

Schneewind, K.A. (2015). Zum Selbstverständnis der Psychologie als anwendungsorientierte Wissenschaft vom menschlichen Handeln und Erleben. In T. Kneisler (Hrsg.), *Piaget in der Erziehungswissenschaft- Eine wissenschaftshistorische und wissenschaftstheoretische Bilanzierung.* Bad Heilbrunn: Julius Klinkhardt.

Sedlmeier, P., & Renkewitz, F. (2008). *Forschungsmethoden und Statistik in der Psychologie.* München: Pearson Studium.

Shapiro, S.L., & Carlson, L.E. (2009). *The art and science of mindfulness. Integrating Mindfulness into Psychology and the helping professions.* Washington: American Psychology Association.

Sussmann, R.W. & Cloninger, C.R. (2011). *Origins of altruism and cooperation.* New York: Springer.

Thich, N. H. (1992). *Ich pflanze ein Lächeln. Der Weg der Achtsamkeit.* München: Goldmann.

Tubbs, J., Berry, D.R., & Brown, K.W. (2016). *Abating Prejudice with Presence: Dispositional Mindfulness Increases Interracial Helping Behavior.* Verfügbar unter http://scholarscompass.vcu.edu/cgi/viewcontent.cgi?aricle=1230&context=uresposters [15.06.2017].

Urban, D., Mayerl, J. (2011). *Regressionsanalyse: Theorie, Technik und Anwendung - 4. überarbeitete und erweiterte Auflage.* Wiesbaden: VS Verlag.